Invoering

Instagram biedt marketeers een enorme verkeerskans. Het is gigantisch. Hoe groot is Instagram? Welnu, in juni 2018, dat is ongeveer een jaar voorafgaand aan deze training, bereikte Instagram de mijlpaal van 1 miljard gebruikers. Denk daar even over na. Veel andere platforms zoals Facebook, Twitter en Snapchat kampen met achterblijvende groeicijfers. Instagram daarentegen blijft groeien en vertoont geen tekenen van vertraging. Als het op het dagelijkse gebruik aankomt, laat Instagram zelfs andere grotere platforms in het stof achter. Deze andere platforms hebben misschien veel meer gebruikers, maar in termen van dagelijks gebruik kan Instagram bogen op meer dan 500 miljoen gebruikers. Dat klopt. 500 miljoen gebruikers van de Instagram-app hebben elke dag toegang tot Instagram.

Dat is veel contentconsumptie. Dat zijn veel vind-ik-leuks, reacties, hashtags en wat heb je. In feite, gemeten in termen van betrokkenheid per gebruiker, is het gemakkelijk in te zien dat Instagram-gebruikersgedrag meer gewoonten is. Met Facebook hebben veel mensen bijvoorbeeld een haat-liefdeverhouding met het platform. Ze zouden het een tijdje normaal gebruiken totdat ze enkele ruwe updates lazen. Ze voelen zich niet zo lekker. En ze zweren Facebook een paar dagen, een paar weken of zelfs een paar maanden af. Niet zo met Instagram. mensen gebruiken het niet alleen elke dag, maar ze blijven terugkomen. Sterker nog, veel mensen controleren hun Instagram-feed om de paar uur. Ze hebben niet het gevoel dat ze hun best doen als ze Instagram gebruiken. Het' Het is heel gemakkelijk om deze dynamiek te begrijpen, omdat Instagram vanaf de basis is geprogrammeerd als een mobiele ervaring. Dit staat ver af van Facebook, dat natuurlijk voornamelijk voor de desktop is gebouwd. Omdat Instagram een op mobiel gericht platform is, is het voor mensen heel gemakkelijk om er een soort naadloze perceptie van te hebben. Het wordt gewoon een onderdeel van hun dagelijkse routine. Ze behandelen Instagram zoals veel mensen 's ochtends als eerste de krant lazen. Het vertoont geen tekenen van verzadiging.

Omdat er zoveel niches zijn die op Instagram gepromoot kunnen worden. Het komt erop neer dat, zolang een niche foto- of videovriendelijk of grafisch intensief is, er een publiek op Instagram is voor die niche. Dit is uiterst belangrijk als u een e-commercewebsite wilt promoten. Als je wat voor soort merchandise dan ook verkoopt, moet Instagram deel uitmaken van je marketingstrategie. Er zijn geen twee manieren. Je laat veel geld op tafel liggen als je Instagram overslaat. Klinkt tot nu toe geweldig, toch? Nou, hier is het probleem. De meeste mensen die Instagram gewoon proberen, falen, echt waar. Als je wilt weten waarom dit het geval is, ga dan naar 110 belangrijke redenen waarom de meeste marketeers falen op Instagram.

Het is gemakkelijk om enthousiast te worden over het bereik van Instagram, gebruikersconsumptiepatronen en het algehele verkeersvolume. Het is heel gemakkelijk om opgepompt te raken als het om die feiten gaat. Maar het probleem is dat de meeste mensen die marketing op Instagram hebben geprobeerd, niet de resultaten krijgen waarnaar ze op zoek zijn. Hier zijn slechts 10 van de meest voorkomende redenen, ik ga niet beweren dat dit de meest uitgebreide lijst is die u ooit zult tegenkomen. In plaats daarvan somt deze lijst de meest voorkomende manieren op waarop mensen op Instagram uitglijden. Er zijn andere manieren, maar de kans is groot dat als je niet weet wat je doet, je het verpest hebt vanwege een van de volgende dingen. Reden nummer één, eenmalige grote betaalde marketingcampagne. Veel mensen die toegang hebben tot marketingbudgetten, zijn erg ongeduldig om hun online winkel op Instagram te promoten. Ze springen er gewoon met beide voeten in. Ze' geen idee wat ze doen. Het enige wat ze weten is dat ze veel geld te besteden hebben. Dus ze pompen advertentie na advertentie na advertentie uit. Het geld is tenslotte doorgebrand en ze hebben er weinig voor te laten zien. De reden hiervoor is dat ze denken dat ze gewoon geld op het probleem kunnen gooien. Waar het hier om gaat, is het rendement op uw investering. Natuurlijk ben je meer dan welkom om een enorme hoeveelheid geld uit te geven aan een enorme Instagram-reclamemarketingcampagne. Maar het is aan iedereen te raden of u de ROI-doelstellingen kunt halen. U kunt er niet zomaar op vertrouwen dat u veel geld te besteden heeft. Geloof het of niet, zelfs als je een heel bescheiden of zelfs een klein budget hebt, kun je toch weglopen met betere resultaten dan met een beter gefinancierde marketingcampagne. Het verschil? Het komt allemaal neer op hoe systematisch en methodisch u uw Instagram-advertentiecampagne voert. Reden nummer twee, het promoten van directe conversielinks.

Veel mensen denken dat Instagram slechts een verkeersbron is. Dat merk je aan hun marketingcampagnes omdat ze een profiel zouden maken met een homepaginalink die niet naar hun homepagina gaat. Het gaat rechtstreeks naar een verkooppagina of een e-mailwervingspagina of squeeze-pagina. Wat denk je dat er gebeurt? Dat klopt, heel veel niets. Het maakt niet echt uit hoe boeiend uw inhoud is. Als je mensen niet kwalificeert of ze helpt bij het overwinnen van een aantal serieuze structurele vragen met betrekking tot wat je ook probeert te promoten, zul je waarschijnlijk niet veel bereiken met het verkeer. IK' Ik betwist niet dat mensen veel verkeer van Instagram halen. Maar iedereen die ooit online marketing heeft geprobeerd, weet dat alleen omdat u verkeer ontvangt, dit niet betekent dat u conversies ontvangt, verkeer, doorklikmogelijkheden en conversies totaal verschillende dingen zijn. door rechtstreeks te promoten naar uw conversiepagina, wat uw verkooppagina of squeeze-pagina is, heeft u het verkeer misschien niet goed genoeg gekwalificeerd om die mensen om te zetten in betalende klanten, uw ROI-tanks en uiteindelijk verspilt u een enorme hoeveelheid tijd, moeite en geld voor uw Instagram-campagne. Reden nummer drie, onredelijke verdenking van influencers.

Invloedmarketing is erg groot op Instagram. Kortom, u vindt mensen die al invloedrijk zijn in uw niche en u betaalt ze om uw product te noemen of om uw profiel te schreeuwen.

Het probleem is dat er veel nep-influencers zijn. Ik ga dit niet ontkennen. Niemand kan. Er zijn veel accounts op Instagram die ronduit nep zijn. Niet alleen zijn hun accounts nep, maar de mensen die hen volgen zijn ook nep. Het is allemaal een software-illusie. Het is geen verrassing dat veel marketeers door deze influencers zijn verbrand. Misschien vragen ze $ 20 per schreeuw of misschien vragen ze $ 5 per genoemd product. Maar hoe goedkoop de influencer-tarieven ook zijn, het is geldverspilling omdat ze niet echt invloed hebben. Ze hebben gewoon hoge volgnummers. Deze volgers zijn niet echt. Het is niet verrassend dat veel mensen zijn uitgeschakeld door influencers.

Ze willen helemaal niet met influencers te maken hebben. Dit is een ernstige vergissing. Het is één ding om achterdochtig te zijn tegenover nep-influencers. Het is een ander ding om je geest volledig af te sluiten voor het uitwerken van een wederzijds voordelige deal met echte influencers. Er is een verschil. Geloof het of het niet bereiken en sluiten van deals met de juiste beïnvloeders kan het verschil betekenen tussen uw online winkel die tienduizenden dollars per maand verdient, of uw bedrijf blijft worstelen. Reden nummer vier, ervoor kiezen om asociaal te zijn. Er is een reden waarom sociale media sociale media worden genoemd. Het moet mensen toestaan sociaal te zijn. Het is bedoeld om outreach, betrokkenheid, het delen van ideeën en het vormen van echte gemeenschappen met betrekking tot bepaalde interesses en onderwerpen mogelijk te maken. Helaas maken veel marketeers gewoon pagina's en blazen ze inhoud uit. Het maakt ze niet uit of mensen op hun materialen reageren. Het maakt ze niet uit of mensen hun materialen zelfs maar zien. Ze ondergaan gewoon de bewegingen. Nou, laat me je vertellen, als je zo je Instagram-campagne voert, ben je asociaal. Je bereikt geen influencers en je bent ook niet in gesprek met de fans van je inhoud. Dit leidt ertoe dat u er niet in slaagt een community rond uw inhoud te creëren. Geloof het of niet, het is uw gemeenschap die dollars aan uw bankrekening zal toevoegen. Zo werkt dat. Door ervoor te kiezen asociaal te zijn, dood je je online gemeenschap voordat deze zich zelfs maar vormt. Reden nummer vijf, vertrouwen op ondermaatse foto's of video's. Dit zou voor zichzelf moeten spreken. Instagram is in de eerste plaats een fotoplatform. Dienovereenkomstig krijgen accounts met foto's van de hoogste kwaliteit over het algemeen veel meer volgers. Houd het op dat niveau, plaats alleen foto's van hoge kwaliteit, plaats video's met een hoge productiekwaliteit. Op deze manier onderscheidt u zich van uw concurrenten. Reden nummer zes, bouw het en ze komen met een contentstrategie. Heb je ooit een geweldig idee gehad met betrekking tot een hete foto die mensen in jouw niche gewoon niet kunnen weigeren? De kans is groot dat je zulke ideeën hebt gehad. Welnu, wat zou er gebeuren als u uw kostbare geld besteedt aan dergelijke inhoudsideeën? Laat me je negen van de tien keer vertellen dat je waarschijnlijk plat op je gezicht zult vallen. Je hebt geen consumenteninformatie gedaan, je hebt van tevoren geen onderzoek gedaan om vast te stellen dat je publiek daadwerkelijk geïnteresseerd zou zijn in de inhoud die je opdoet. Je kunt deze inhoud niet zomaar bouwen en verwachten dat mensen komen opdagen en uit het houtwerk komen. Zo werkt het niet. Hierdoor mislukken veel bedrijven. Uw inhoud moet gebaseerd zijn op bestaande vraag en bestaande interesse, niet op wat u denkt dat hot is. Reden nummer zeven, het niet opnieuw plaatsen van anderen heeft specifieke inhoud nodig. Geloof het of niet, maar je kunt enorm veel geloofwaardigheid opbouwen op sociale media door simpelweg iemands beproefde inhoud opnieuw te posten. Met andere woorden, als iemand inhoud heeft gepost die veel vind-ik-leuks, betrokkenheid, opmerkingen en wat dan ook heeft, kun je dat opnieuw posten en een soort van die betrokkenheid opnieuw creëren voor je account. Dit is perfect in orde omdat je uiteindelijk dat account van een derde partij promoot. Je creëert een win-winsituatie. Je bouwt je eigen geloofwaardigheid op binnen je niche en je trekt de aandacht naar dat merk, iedereen die Buddy wint. Als je dit niet doet omdat je vastbesloten bent om alleen je eigen spullen te promoten, je Instagram-account zal waarschijnlijk niet zo snel groeien. U moet de succesvolle inhoud van anderen gebruiken. Focus op de win-win. Concentreer u niet alleen op het monopoliseren van de verkeersresultaten van uw inspanningen. Reden nummer acht, het niet oproepen van Instagram-feedkijkers tot actie. Als je eenmaal een volgeling hebt ontwikkeld, moet je ervoor zorgen dat die mensen die geïnteresseerd zijn in je inhoud ook echt iets voor je doen. Het is duidelijk dat u zich niet bezighoudt met

Instagram-marketing omdat u niets anders te doen hebt. Je doet dit niet voor je gezondheid. Je doet dit omdat je geld wilt verdienen. Er is geen schande in dat spel. Kom op en roep mensen daadwerkelijk tot actie aan. Als je foto's plaatst van leuke t-shirts, vertel mensen dan of je dit shirt leuk vindt, klik op mijn profiel en klik op de link om 50% korting te krijgen. Roep mensen tot actie aan, ongeacht hoe u het doet. Anders gaan ze je account gewoon zien als een plek waar ze coole nieuwe dingen kunnen bekijken zonder veel verplichtingen of toewijding apart, je leert je communityleden uiteindelijk om passief te zijn. Dat soort publiek is voor jou waardeloos.

Als u geld wilt verdienen met uw rekening, roep dan mensen op tot actie. Reden nummer negen, het niet gebruiken van hashtags of het gebruik van de verkeerde. Hashtags hebben de niche van uw inhoud bepaald. Mensen die geïnteresseerd zijn in een bepaald type inhoud, gebruiken een bepaald type hashtag. Gebruik dit gewoonlijk, het lijkt misschien alsof mensen de hashtags die je gebruikt niet gebruiken, maar uiteindelijk zul je het onder de knie krijgen. Uiteindelijk zul je de hashtags identificeren die het meeste verkeer binnenhalen. Als je je account gewoon gaat zien als een plek waar ze coole nieuwe dingen kunnen bekijken zonder veel verplichtingen of toewijding apart, train je uiteindelijk je communityleden om passief te zijn. Dat soort publiek is voor jou waardeloos. Als u geld wilt verdienen met uw rekening, roep dan mensen op tot actie. Reden nummer negen, het niet gebruiken van hashtags of het gebruik van de verkeerde. Hashtags hebben de niche van uw inhoud bepaald. Mensen die geïnteresseerd zijn in een bepaald type inhoud, gebruiken een bepaald type hashtag. Gebruik dit gewoonlijk, het lijkt misschien alsof mensen de hashtags die je gebruikt niet gebruiken, maar uiteindelijk zul je het onder de knie krijgen. Uiteindelijk zul je de hashtags identificeren die het meeste verkeer binnenhalen. Als je je account gewoon gaat zien als een plek waar ze coole nieuwe dingen kunnen bekijken zonder veel verplichtingen of toewijding apart, train je uiteindelijk je communityleden om passief te zijn. Dat soort publiek is voor jou waardeloos. Als u geld wilt verdienen met uw rekening, roep dan mensen op tot actie. Reden nummer negen, het niet gebruiken van hashtags of het gebruik van de verkeerde. Hashtags hebben de niche van uw inhoud bepaald. Mensen die geïnteresseerd zijn in een bepaald type inhoud, gebruiken een bepaald type hashtag. Gebruik dit gewoon, het lijkt misschien alsof mensen de hashtags die je gebruikt niet gebruiken, maar uiteindelijk zul je het onder de knie krijgen. Uiteindelijk zul je de hashtags identificeren die het meeste verkeer binnenhalen. uiteindelijk train je je gemeenschapsleden om passief te zijn. Dat soort publiek is voor jou waardeloos. Als u geld wilt verdienen met uw rekening, roep dan mensen op tot actie. Reden nummer negen, het niet gebruiken van hashtags of het gebruik van de verkeerde. Hashtags hebben de niche van uw inhoud bepaald. Mensen die geïnteresseerd zijn in een bepaald type inhoud, gebruiken een bepaald type hashtag. Gebruik dit gewoonlijk, het lijkt misschien alsof mensen de hashtags die u gebruikt niet gebruiken, maar uiteindelijk zult u het onder de knie krijgen. Uiteindelijk zul je de hashtags identificeren die het meeste verkeer binnenhalen. je leidt uiteindelijk je gemeenschapsleden op om passief te zijn. Dat soort publiek is voor jou waardeloos. Als u geld wilt verdienen met uw rekening, roep dan mensen op tot actie. Reden nummer negen, het niet gebruiken van hashtags of het gebruik van de verkeerde. Hashtags hebben de niche van uw inhoud bepaald. Mensen die geïnteresseerd zijn in een bepaald type inhoud, gebruiken een bepaald type hashtag. Gebruik dit gewoon, het lijkt misschien alsof mensen de hashtags die je gebruikt niet gebruiken, maar uiteindelijk zul je het onder de knie krijgen. Uiteindelijk zul je de hashtags identificeren die het meeste verkeer binnenhalen. Mensen die geïnteresseerd zijn in een bepaald type inhoud, gebruiken een bepaald type hashtag. Gebruik dit gewoonlijk, het lijkt misschien alsof mensen de hashtags die je gebruikt niet gebruiken, maar uiteindelijk zul je het onder de knie krijgen. Uiteindelijk zul je de hashtags identificeren die het meeste verkeer binnenhalen. Mensen die geïnteresseerd zijn in een bepaald type inhoud, gebruiken een bepaald type hashtag. Gebruik dit gewoonlijk, het lijkt misschien alsof mensen de hashtags die je gebruikt niet gebruiken, maar uiteindelijk zul je het onder de knie krijgen. Uiteindelijk zul je de hashtags identificeren die het meeste verkeer binnenhalen.

Hoe dan ook, je moet er vanaf de eerste dag een gewoonte van maken. Reden nummer 10. Het plaatsen van niche-inhoud. Ik weet dat je enthousiast bent over het hebben van een Instagram-account. Maar laat die opwinding niet overkomen in je door gewoon willekeurige berichten over persoonlijke interesses te plaatsen. Je account als je het voor zakelijke doeleinden gebruikt, het gaat niet om jou. In plaats daarvan gaat het erom dat de leden van uw doelgroep begrijpen dat ze een verhalende reeks interesses hebben die binnen dat enge bereik blijven. Anders traint u uw gemeenschap niet om geld in uw portemonnee te steken, omdat zij uw account in wezen als amusement beschouwen. Ze zullen het niet geloofwaardig vinden wat betreft nichespecifieke producten. Ze vinden je gewoon leuk om te volgen, maar je hebt echt niet veel aantrekkingskracht omdat je over alles post. Als je je maar op één ding concentreert, en op één ding alleen, zoals bijvoorbeeld luxe horloges, kun je er zeker van zijn dat veel van de mensen die je volgen zullen denken dat je een soort expert bent, en dat ze je eerder de profiteer van de twijfel als je ze oproept om dingen van je te kopen. Zo werkt dat. Blijf bij uw doelgebied. Focus op het grote geheel. Begrijp dat u dit met een reden doet. Je doet dit niet alleen om te rotzooien, je hoeft niet te falen. Ik wil je hoofd op een rijtje krijgen. Je moet begrijpen dat als je reclame gaat maken op Instagram, je met een groot probleem bezig zult zijn. Het zal nogal wat tijd kosten. focus en energie, ik wil niet dat je faalt. Helaas gaan veel mensen hier op een heel ongedwongen manier op in. Ze denken dat het ' Het draait allemaal om het volgen van een soort recept of checklist. Ze denken dat het allemaal draait om het nemen van acties in een bepaalde volgorde, en dat de dingen vrijwel op hun plaats zullen vallen. Tjonge, zijn ze infrarood en een nare verrassing, zo gaat het niet. Je moet dit met de juiste mindset benaderen. Anders zijn uw kansen op mislukking vrij groot. Volg onderstaande tips zodat u zich goed kunt voorbereiden. Nogmaals, u hoeft niet te falen. U hoeft niet het patroon te volgen dat de meeste van uw concurrenten doormaken, u kunt slagen. Maar je moet je hoofd bij het rechte eind hebben. de juiste mentaliteit hebben. Het eerste dat u moet begrijpen, is dat u moet geloven dat dit gaat werken. Ik kan niet eens beginnen te vertellen hoeveel anders doorgewinterde ervaren ondernemers ik coach die zichzelf voortdurend saboteren. Ze komen een leuk nieuw idee tegen om geld te verdienen op internet en ze vertellen zichzelf automatisch dat dit oplichterij is. Dit werkt voor andere mensen, maar niet voor mij. Dit is te mooi om waar te zijn. En het gaat maar door. Ze zijn er enthousiast over. Ze lezen er boek na boek over, maar geven er nooit hun 100% aan. Omdat ze in hun achterhoofd denken dat het niet zal werken. Ik zeg je dat je moet geloven dat wat je ook doet, zal slagen of kunnen slagen. Als je er op een of andere manier aan twijfelt, zal de twijfel blijven groeien en je focus en vastberadenheid opeten. Uiteindelijk merk je dat je niet in staat bent om de hoeveelheid tijd en focus te steken die je project nodig heeft om te slagen. Je moet in drie dingen geloven. Ten eerste moet u geloven dat dit bedrijfsmodel zal werken. Tweede, je moet geloven dat je het kunt laten werken. Ik heb het niet over andere mensen. Ik heb het niet over het uitbesteden van het werk. Ik heb het over jou zelf, kan het laten werken. En ten derde moet je geloven dat dit de moeite waard is om je aan te committeren. Het is één ding om je op een eenmalige Big Shot-basis op een project te concentreren. Je steekt er in feite op de eerste dag veel energie in en hoopt dat je zoveel werk verzet dat dat werk je de rest van de reis zal helpen. Zo werkt het niet. Echte bedrijven zijn als huwelijken. Ze vereisen dat u zich vastlegt, dag na dag, week na week, maand na maand. Het is iets voor de lange termijn. Het is een marathon. Het is geen sprint. Als u deze drie denkwijzen toepast, vergroot u uw kansen op succes aanzienlijk. Reserveer de juiste hoeveelheid tijd, logistiek gezien, je moet een vaste hoeveelheid tijd inplannen voor je Instagram-marketinginspanningen. Het goede nieuws is dat het niet de halve dag hoeft op te eten. In feite hoeft het niet eens een heel uur op te eten. Zolang u zich aan het schema houdt, zult u resultaten gaan zien. Hoe komt? Nou, je weet dat je maar, laten we zeggen, 15 minuten hebt om je op marketing te concentreren. Je blijft het dagelijks proberen omdat je ervoor hebt gekozen consequent te zijn. Uiteindelijk beginnen de dingen te klikken en ben je in staat om meer activiteiten in te pakken binnen dat blok van 15 minuten, dit leidt tot betere resultaten als je ervoor kiest om consistent te zijn. Waar het op neer komt is simpel: je moet consistent zijn. Zelfs als je het je maar kunt veroorloven om elke dag 15 minuten van je tijd te investeren in je Instagram-marketinginspanningen. Dat is genoeg. De sleutel hier is het feit dat u altijd terugkomt. De sleutel hier is dat er een gevoel van vertrouwen is in het feit dat je altijd elke dag een kwartiertje gaat besteden. Dit kan tot verbluffende resultaten leiden, want hoewel het op het eerste gezicht niet veel tijd lijkt, maakt de consistentie je meer gedisciplineerd. Je bent in staat om veel meer focus en veel meer werk in te pakken in een vrij klein tijdvenster.

Dit leidt tot betere resultaten. Bovendien hebben uw resultaten de neiging om in de loop van de tijd te schalen, omdat u geneigd bent het beter te doen, betere beslissingen te nemen en uw inspanningen te documenteren. Ik kan je niet eens beginnen te vertellen aan hoeveel goede ideeën de meeste ondernemers op een dag denken. Het probleem is dat als je deze ideeën niet opschrijft terwijl je aan je Instagram-marketingcampagnes werkt, je ze vergeet, je ze niet kunt testen.

En een van de meest vervelende dingen die je kunnen overkomen, is wanneer het idee waar je eerder aan dacht steeds weer terugkomt, en dan vergeet je het. En als je dan andere dingen doet, leidt het je af. Je richt je aandacht er dan op, dan vergeet je het weer, en deze beproeving gaat maar door. Het eindresultaat is dat je enorm veel tijd verspilt, focus en energie je ideeën documenteert, de beste kiest en ze uitprobeert. Als ze niet werken, is dat prima. Ga verder. Als ze werken, neem ze dan op in uw dagelijkse activiteiten, meet succes op basis van waar u zich bevindt in het ontwikkelingsproces. Wat als ik je zou vertellen dat veel mensen die falen in online marketing niet hoeven te falen? Serieus, ze gaven het te snel op. Je moet begrijpen dat stoppen de enige manier is waarop je kunt falen. Het spel is nog niet afgelopen als je ' nog steeds in het spel. Als je nog steeds stoten gooit, ben je nog steeds in de ring. Maar op het moment dat je de handdoek in de ring gooit en de ring verlaat, is het spel afgelopen. Je hebt gefaald. Het probleem is wanneer mensen aan een bijzonder groot project werken, en geloof me, online marketing is een van die projecten. Ze meten zichzelf aan de hand van de verkeerde maatstaven. Ze zijn net begonnen en ze beginnen te tellen hoeveel geld ze verdienen. Het is duidelijk dat ze geen geld verdienen. Dus wat gebeurt er als je dit doet? Nou, je ontmoedigt jezelf, je blijft het bij jezelf herhalen, je steekt al die tijd focus en energie, en je hebt er heel weinig voor te tonen. Je verdient geen geld. Uiteindelijk verraadt uw besluit. Je saboteert je passie als je dit doet. In plaats van meteen na te denken over hoeveel geld u heeft verdiend toen u net met uw online bedrijf begon, concentreert u zich in plaats daarvan op waar u zich bevindt. Meet uw succes op basis van het ontwikkelingsstadium. Je bent zo, als ik gewoon een website zou opzetten, zou mijn maatstaf voor succes zijn: hoeveel stukjes inhoud heb ik? Werken alle links? Heb ik een mooie afbeelding? Is mijn website gemakkelijk te vinden? Heb ik SEO correct ingesteld? Worden al mijn producten correct geïmporteerd? En als ik eenmaal met succes ja heb beantwoord op al die vragen, ga ik verder met de volgende fase van de ontwikkeling, namelijk promoties. Zie je hoe dit werkt? Als je een online project start, en je springt gewoon recht vooruit naar het gedeelte waar je al het grote geld verzamelt, dan ga je jezelf deprimeren. Dat is echt wat je gaat doen. U' Je gaat jezelf ontmoedigen omdat het grote geld dan natuurlijk niet verschijnt. Het verschijnt aan het einde van het proces wanneer al het andere is opgebouwd, opgelost om snel te mislukken. Ik weet dat dit klinkt als een gek advies, maar het is eigenlijk een van de krachtigste manieren om geld te verdienen dat iemand je kan geven. Ernstig. Waarom? Zoals ik al eerder zei, komen ondernemers in een tijdsbestek van een dag met allerlei gekke ideeën en hoe ze meer geld kunnen verdienen met hun bedrijf. Waarom? Zoals ik al eerder zei, komen ondernemers in een tijdsbestek van een dag met allerlei gekke ideeën en hoe ze meer geld kunnen verdienen met hun bedrijf. Waarom? Zoals ik al eerder zei, komen ondernemers in een tijdsbestek van een dag met allerlei gekke ideeën en hoe ze meer geld kunnen verdienen met hun bedrijf.

Veel van deze ideeën zijn helaas halfbakken. Velen van hen Maken allerlei verkeerde aannames, en ze zijn vanaf het begin echt een mislukking. Nu, in plaats van jezelf toe te staan meegezogen te worden door al deze ideeën tot het punt waarop je focus en mentale en emotionele bronnen uitgeput raken, kies je ervoor om de krachtigste ervan te verkennen. Als je in een week ongeveer 100 ideeën hebt, kies er dan drie waarvan je denkt dat ze de meeste kans van slagen hebben en implementeer ze de komende week. Stop er de juiste hoeveelheid tijd, focus en energie in, kijk of ze echt werken. Als ze dat niet doen, ga dan verder. Blijf dit doen totdat je iets vindt dat werkt en schaal het dan op. Dit is hoe je snel faalt. In deze context helpt falen je omdat je steeds spaghetti naar de muur blijft gooien. Je blijft experimenteren totdat je uiteindelijk iets bedenkt dat werkt. Als je iets vindt dat werkt, schaal je het op, en dit levert nog meer resultaten op. Dat is hoe je een snelle mislukking kunt omzetten in groot succes. Blijf gefocust op conversies. Het is gemakkelijk om vast te houden aan successtatistieken. doet er niet echt toe. Serieus, de hoeveelheid verkeer die u uiteindelijk krijgt, doet er niet toe. Het aantal keren dat mensen over uw merk praten, doet er uiteindelijk niet toe. Weet je, wat doet er toe, geld op je bankrekening? Hoe kom je daar, verkoop meer producten. Het wordt niet eenvoudiger dan dat. Dat is de hoofdzaak. Daarom moet je je concentreren op conversies, al je advertentie-optimalisatie, al je content, marketing op Instagram, al je merkinformatie, ze moeten allemaal tot conversies leiden. Anders doet u iets verkeerd. Als je de bovenstaande ideeën in gedachten houdt en de tips opvolgt die ik met je heb gedeeld, vergroot je de kans op succes. Nogmaals, u hoeft niet te falen. Je moet gewoon een spelplan voor je hebben en je moet ervoor kiezen om consistent te zijn. Dit is een verbintenis. Dit is niet iets dat je kiest om te doen omdat het goed voelt. Stap opzij van je gevoelens en concentreer je in plaats daarvan op je vermogen om Instagram-succes te plegen, alles draait om persona. Vergis je niet, als je wilt dat je marketingcampagne op Instagram succesvol is, moet je een persona voor je merk opbouwen. Dit is niet onderhandelbaar. Het maakt niet uit of u gratis verkeer van dat platform probeert te krijgen, of dat u betaalt voor advertentieweergaven. Je moet een persona bouwen. Hoe komt? Waarom is een persoonlijk tintje of een persoonlijk merk zo belangrijk? Kan' Maak je gewoon een account aan, post je foto's en op de een of andere manier zouden mensen je volgen? Nou, hier is de waarheid. Mensen op Instagram volgen hashtag-stropers niet op mos. Echt niet. Natuurlijk kun je hier en daar een paar mensen aantrekken. Maar als het duidelijk is dat je persona echt niets te maken heeft met de hashtags, richt je je constant, dan zullen niet genoeg mensen je volgen. En degenen die dat wel doen, zullen je waarschijnlijk niet zo serieus nemen.

Ze zien je gewoon als een bron van het soort inhoud waarnaar ze op zoek zijn en niets meer. Geloof me. Dat is de verkeerde soort relatie om op te bouwen. Je wilt gezien worden als een geloofwaardige en gezaghebbende persoon. Mensen zullen u dus het voordeel van de twijfel geven wanneer u hen een product aanbeveelt. Dat is de hoofdzaak. Dat is hoe je geld verdient. Helaas gaat dat niet gebeuren als je geen persona hebt. Begrijp alsjeblieft dat deze mensen niet alleen marketeers volgen. Het is niet alsof ze op zoek zijn naar marketeers, omdat ze niets anders te doen hebben. Ze zijn op zoek naar een soort relatie. Zie het als het opbouwen van een fanbase. Er is een reden waarom Kim Kardashian en andere beroemdheden op Instagram wegkomen door duizenden dollars per shout out te vragen. Mensen zijn eraan toegewijd. mensen volgen ze op de voet vanwege de persona die ze hebben opgebouwd. U moet hetzelfde doen. De uitdaging van het bouwen van commerciële persona op Instagram, het zou gemakkelijk zijn als je persona helemaal om jou draait. Als je bijvoorbeeld groot bent in een marathonloop of als je graag van land naar land gaat om in verschillende winkelcentra te winkelen, kun je een persoonlijk, niet-commercieel personage creëren. In dat geval volgen mensen vanwege jouw persoonlijke banaliteit en jouw werkelijk unieke manier van kijken naar de wereld. Tot op zekere hoogte zouden mensen de producten willen bekijken die u onderschrijft. Maar dit betekent niet noodzakelijk dat een hoog percentage van de mensen die u volgen, uw aanbevelingen zouden volgen. Om dat mogelijk te maken, moet je een nichespecifieke persona creëren. Als u een online winkel heeft die u promoot, uw persona moet specifiek zijn voor de productniche van uw winkel. Dit is de eerste stap, creëer een nichespecifieke persona. Ten tweede, zorg ervoor dat het een echte aanhang kan trekken. Dit is het tweede deel van de puzzel en de onderstaande stappen. En in de rest van deze training leer je hoe je die volgers kunt creëren en er geld mee kunt verdienen. In een notendop, hier zijn de zes stappen die je zou moeten volgen om een solide Instagram-merkpersonage op te bouwen, je moet deze zes belangrijke stappen volgen. Nu zeg ik niet dat dit een maat is voor alle soorten suggesties. Ik zeg niet dat je deze letterlijk moet volgen. U moet ze uiteraard aanpassen en aanpassen aan uw omstandigheden. Toch moet je de zes stappen volgen om te slagen in het opbouwen van een echte aanhang op Instagram. Dit is slechts een overzicht. IK' Ik ga een video aan elk van deze stappen wijden. Stap nummer één, vind je concurrenten op Instagram en reverse-engineering. Stap nummer twee: beheer eersteklas inhoud en mix uw reverse-engineered inhoud. Stap nummer drie: adopteer een content first sales funnel. Stap nummer vier, gebruik het retargeting-systeem van Facebook om Instagram-gebruikers dieper in je trechter te trekken. Stap nummer vijf, betaal en communiceer met nichespecifieke Instagram-influencers. Stap zes, optimaliseer continu alle delen van uw trechter. Nu je een overzicht hebt van wat je moet doen, laten we beginnen met video vier. Nogmaals, de strategie hier is om een geloofwaardige niche-specifieke persona op te bouwen en een volgeling voor die persona te creëren. Dit is hoe u verkeer krijgt. Dit is hoe u bezoekers naar uw doelsite trekt, wat je dan kunt. Voor maximale conversies, aan het eind van de dag, zal al het verkeer in de wereld je niet rijker maken. U weet wat bekeringen zullen zijn. Er zijn talloze websites die er zijn. Met name imgur.com krijgen ze veel verkeer, maar ze verdienen heel weinig in vergelijking met de enorme hoeveelheid verkeer die ze krijgen. Als u een online winkel heeft, moet u zich concentreren op conversies, want dat is wat voedsel op uw tafel zal zetten, en niets anders. Vind uw concurrenten op Instagram en reverse-engineering. Het eerste dat u hoeft te doen, is een lijst maken van al uw concurrenten. Als u niet weet wie uw concurrenten zijn, ga dan naar Google en typ trefwoorden die betrekking hebben op uw online winkel. Vind al uw concurrenten op Google en gebruik het vergelijkbare siteonderzoek op Google om online winkels te vinden die gerelateerd zijn aan uw concurrenten. Verzin een enorme lijst. Zoek ze op Instagram. Als je eenmaal een geweldige lijst met concurrenten hebt, is de volgende stap om ze op Instagram te zoeken. Hebben ze Instagram-accounts als ze daar ook een grote lijst met concurrenten bedenken? Bestudeer de Instagram-accounts van je concurrenten. Als je eenmaal een enorme lijst met directe URL's op Instagram van je concurrenten hebt, bestudeer ze dan heel goed. Let op de kwaliteit van hun Instagram-profiel, let op hun contentstrategie. Wat voor soort inhoud blijven ze keer op keer publiceren, ik zeg niet dat ze exact dezelfde inhoud publiceren, maar je kunt zien dat ze inhoud publiceren met hetzelfde thema of dezelfde onderwerpen. Let hier op. Let vooral op de hashtags die ze gebruiken. reverse engineering van het succes van uw concurrenten. Op dit punt, u moet zich ervan bewust zijn dat sommige inhoud van uw concurrenten veel meer liefde van Instagram krijgt dan andere. Dit zou uw topprioriteit moeten zijn, zoek uit welke van hun inhoud de meeste grip krijgt. Ik heb het natuurlijk over het aantal likes, comments en andere indicatoren van populariteit. Vergeet al het andere. Heeft u eenmaal de meest succesvolle inhoud van uw concurrenten op een rij gezet? Genoeg tijd om ze uit te zoeken? Waar moet je op letten? Let op de hashtags die ze gebruiken. Let op de soorten afbeeldingen of video's die het populairst zijn. Let ook op de beschrijvende tekst voor deze items. Zie je overeenkomsten? Kun jij de punten verbinden? Komt er een groter patroon naar voren? Nadat u deze elementen heeft bestudeerd, let op de profielpagina van je concurrent en ook op de tekst die in de foto's of de oproep tot actie in de video's wordt genoemd. Deze hebben betrekking op hun verkooptrechter. Kortom, ze noemen kortingscodes. Zodat mensen die deze inhoud bekijken, korting kunnen krijgen. Ze promoten ook de profielpagina van hun website. Kijk naar hun verkooptrechterstrategie. Hoe gebruiken ze hun populaire inhoud om verkeer naar hun site te trekken? Vervolgens, hoe zetten ze dat verkeer naar hun site om in betalende klanten? Gebruiken ze kortingscodes? Dumpen ze ze gewoon rechtstreeks naar hun verkooppagina? Is er een speciale promotie die ze houden? Dumpen ze mensen op een squeeze-pagina, zodat mensen zich kunnen aanmelden voor mailinglijsten die hen op de hoogte stellen van speciale verkopen. Wees duidelijk over de verkooptrechterstrategie die het meest voorkomt bij uw concurrenten. Begrijp alsjeblieft dat ze dit model niet zullen gebruiken als het niet werkt. Het feit dat je dit model keer op keer in veel verschillende vormen ziet, vertelt je vrijwel alles wat je moet weten over die verkooptrechter, ze zouden het niet promoten als het niet zou werken. Leer de punten te verbinden. Op dit niveau moet u uitgebreide aantekeningen maken over de drie belangrijkste factoren voor uw succes. Uw doel is om de inhoud van uw concurrenten te begrijpen, zodat u ze in hun eigen spel kunt verslaan. Je gaat hun thema's, deze thema's of inhoudsthema's kopiëren. Dit zijn de dingen waar ze consequent over praten, die veel liefde krijgen van hun volgers. Vervolgens ga je hun verkooptrechter kopiëren. Daar'

Je hoeft geen held te zijn. U hoeft niet met iets compleet nieuws te komen. U hoeft alleen maar te identificeren wat werkt en iets soortgelijks te bouwen, u moet iets bouwen dat zal verbeteren ten opzichte van wat uw concurrenten hebben gedaan. Vervolgens ga je op hun inhoud letten, want je gaat met iets beters komen. U krijgt dus een concurrentievoordeel. Dit zijn de drie onderdelen die je moet samenstellen om de concurrentie voor te blijven op Instagram. Anders deel je gewoon dezelfde algemene dingen die ze delen. En dit gaat je niet serieus helpen. Waarom? Nou, je bouwt geen onderscheidende persoonlijkheid op. Je speelt gewoon het spel om gewoon een ander gezicht in de menigte te zijn. In hun achterhoofd uw doelgroepleden zeggen tegen zichzelf: wel, ik kan de exacte inhoud van deze merken, concurrenten, krijgen, waarom ben ik hier? Ik krijg niets spectaculairs anders. De sleutel hier is om dezelfde thema's en dezelfde verkooptrechters te kopiëren, maar ook om ze te verbeteren. Met andere woorden, u bouwt voort op de kracht, u maakt gebruik van de kracht van uw concurrenten, maar u doet het uiteindelijk beter dan zij omdat u ook hun zwakke punten aanpakt. Je zult dit kunnen doen als je hun winnende inhoudsthema's uitzoekt en vervolgens je eigen inhoud van hogere kwaliteit bedenkt. Ten tweede zoek je hun meest populaire hashtags uit, en je gebruikt die hashtags voor je eigen inhoud. Ten slotte neemt u kennis van hun meest voorkomende verkooptrechters en optimaliseert u uw eigen versie, zodat u betere resultaten kunt behalen. De bottom line is hier vrij eenvoudig. Het wiel hoeft niet opnieuw uit te vinden. Sommige van uw concurrenten zijn al succesvol, bouw voort op hun succes. Gebruik reverse engineering om uw concurrenten uw huiswerk voor u te laten doen. Je hoeft absoluut niet helemaal opnieuw te beginnen, want geloof me, dat vallen en opstaan waar je doorheen moet en dat een enorme hoeveelheid tijd, moeite en energie opslokt, is gewoon te duur. cureer eersteklas inhoud en mix uw reverse engineering-inhoud. Nu u een duidelijk idee heeft van de thema's van uw concurrenten, de meest succesvolle inhoud, zoekt u naar inhoud van derden die niet-concurrenten of concurrenten op een lager niveau produceren en die aan deze thema's voldoen. Wanneer u dit doet, bespaart u veel geld, u hoeft deze inhoud natuurlijk niet te maken. In plaats daarvan ' delen het gewoon gewoon. Je bewijst jezelf echter een groot plezier omdat je je doelgroep het soort inhoud geeft waarnaar ze op zoek zijn. Je geeft ze iets om mee bezig te zijn, weet je, op basis van je onderzoek naar je concurrenten. Ze vinden het al leuk wanneer je deze inhoud laat zien, je hebt de neiging om hetzelfde soort publiek aan te trekken als je concurrenten. Nu kan curatie u slechts tot nu toe brengen, u moet uw Instagram-account niet alleen op samengestelde inhoud bouwen en onderhouden. Je bent lui als je dat doet. In plaats daarvan gebruik je deze inhoud om je publiek te trekken en met hen in contact te komen. Vervolgens stel je een korte lijst op met de allerbeste content van je concurrenten en bedenk je je eigen versie. Deze versie moet zo veel beter zijn dat het duidelijk is. Dit is de sleutel. Dit is wat je zal overgeven, want onthoud, je probeert een persona op te bouwen. Tot nu toe, wanneer je curator bent, is de enige persona die je opbouwt dat je slechts een deel van de niche bent. Uw merk is gewoon een ander gezicht in de menigte. Je wilt er overheen, je wilt met kop en schouders boven de rest uitkomen. Hoe doe je dit? je verbetert de beste bestaande leuke inhoud die je op Instagram vindt, en je publiceert deze als die van jezelf. Maar als je aandacht schenkt aan video en uitzoekt wat de populairste inhoud in je niche is, bedenk je dan je eigen versie en gebruik je deze vervolgens in je eigen feed. je roteert deze samen met de samengestelde inhoud die je al publiceert. Uw merk is gewoon een ander gezicht in de menigte. Je wilt er overheen, je wilt met kop en schouders boven de rest uitkomen. Hoe doe je dit? je verbetert de beste bestaande leuke inhoud die je op Instagram vindt, en je publiceert deze als die van jezelf. Maar als je aandacht schenkt aan video en uitzoekt wat de populairste inhoud in je niche is, bedenk je dan je eigen versie en gebruik je deze vervolgens in je eigen feed. je roteert deze samen met de samengestelde inhoud die je al publiceert. Uw merk is gewoon een ander gezicht in de menigte. Je wilt er overheen, je wilt met kop en schouders boven de rest uitkomen. Hoe doe je dit? je verbetert de beste bestaande leuke inhoud die je op Instagram vindt, en je publiceert deze als die van jezelf. Maar als je aandacht schenkt aan video en uitzoekt wat de populairste inhoud in je niche is, bedenk je dan je eigen versie en gebruik je deze vervolgens in je eigen feed. je roteert deze samen met de samengestelde inhoud die je al publiceert. u bedenkt dan uw eigen versie en gebruikt deze vervolgens op uw eigen feed. je roteert deze samen met de samengestelde inhoud die je al publiceert. u bedenkt dan uw eigen versie en gebruikt deze vervolgens op uw eigen feed. je roteert deze samen met de samengestelde inhoud die je al publiceert.

Hoe verbeter je precies de inhoud van anderen? Er zijn verschillende manieren waarop u de kwaliteit van inhoud die u reverse-engineert, kunt verbeteren. Nogmaals, u kopieert en plakt hier niet. Je neemt niet iemands werk aan en geeft het door als het jouwe. Nee, je neemt ideeën zodat je je eigen originele inhoud kunt maken, maar uiteindelijk creëer je betere inhoud omdat je een of enkele of alle van de volgende strategieën hebt gebruikt. Om de inhoud te verbeteren, moet u de volgende update uitvoeren, een bijgewerkte versie van de inhoud aanbieden. Als de beste foto's van uw concurrenten korrelig en duidelijk oud zijn, bedenk dan een bijgewerkte foto. Het zou je verbazen hoe viraal je inhoud kan zijn. Hoe komt? Welnu, u publiceert iets dat duidelijk up-to-date is, een hogere productiekwaliteit. Wanneer u inhoud publiceert, zorg ervoor dat de kwaliteitswaarden van de inhoud hoog zijn. Dit betekent scherpe beelden met een hoge resolutie. De kleuren zijn top. Ook de compositie moet echt goed zijn. U moet inhoud produceren die zo duidelijk superieur is aan uw concurrenten dat uw merk opvalt. Dat is de norm waar u naar moet streven. Voeg meer details toe. Ik kan je niet eens beginnen te vertellen hoeveel Instagram-accounts er zijn, plaats gewoon een foto en hashtag als dat zo is. Dat is alles wat ze doen. Ik zeg het je. Grote kleinere middelgrote merken op Instagram die dit doen, laten veel geld op tafel liggen. Je moet meer details geven. Omdat wanneer je dit doet, je informatielacunes in de hoofden van je kijkers opvult. Er is minder mysterie. Dit maakt uw merk betrouwbaarder. Uiteindelijk, als je dit volhoudt, ze gaan uw merk zien als een soort referentiesite of een soort hulpmiddel. Wees niet lui. Nu bestaat er zoiets als overkill, maar je moet die gulden middenweg vinden tussen te veel informatie en niet genoeg. Gebruik betere hashtags. Wanneer u uw reverse engineering uitvoert, zult u merken dat sommige tags veel vaker worden gebruikt. Maar helaas zijn ze misschien te algemeen of te breed, waardoor je misschien de verkeerde soort mensen aantrekt. Je moet met je hashtagselectie spelen totdat je een punt bereikt waarop je er zeker van kunt zijn dat een specifiekere tag meer verkeer van Instagram trekt of je helpt meer volgers te krijgen. Helaas is hier geen zwart-wit antwoord op. Dit is een van die dingen die je gewoon met vallen en opstaan moet uitproberen totdat je het goed hebt gedaan. Bedenk een betere fotoserie. Geloof het of niet, als mensen een foto op Instagram leuk vinden, willen veel van hen meer zien. Ze hebben het niet over afbeeldingen van hetzelfde onderwerp of vergelijkbare soorten afbeeldingen. Ze hebben het over foto's uit dezelfde serie. Het is niet ongebruikelijk dat mensen een foto zien van een prachtige vakantiebestemming. En iemand heeft zojuist twee foto's gepost. Mensen die die vakantiebestemming zien, zouden graag de omliggende gebieden zien. Ze willen graag zien hoe het er 's nachts uitziet, eb, vloed, noem maar op. Hoe meer hoeken uw foto's weergeven, hoe meer uw gemeenschap betrokken kan raken. Gebruik een beter distributienetwerk voor influencers. Nadat je een paar weken Instagram-marketing hebt gedaan, je zou snel merken dat sommige accounts op Instagram veel meer aandacht krijgen in jouw niche dan andere. Je moet niet automatisch voor deze mensen weglopen. U denkt misschien dat ze concurrenten zijn. Je denkt misschien dat ze erop uit zijn om jouw deel van de taart te pakken. Begin op die manier te denken. Beschouw ze in plaats daarvan als bondgenoten. Het is duidelijk dat ze al het zware werk hebben gedaan om hetzelfde publiek aan te trekken dat u probeert aan te trekken, met hen in contact te komen en hen ertoe te brengen aandacht te schenken aan uw feed, en mogelijk delen ze een deel van uw inhoud. Nu denk je misschien bij jezelf dat veel van deze rekeningen er voor het geld in staan. Dat kan waar zijn. Maar er zijn ook veel hobbyistenaccounts. Dit zijn mensen die vrijwillig inhoud delen zolang ze denken dat het goed is. Roep uw kijker op tot actie. Om betere resultaten te krijgen bij uw concurrenten, moet u altijd een oproep tot actie opnemen, waarbij al het andere gelijk is. Als je een concurrent hebt die gewoon hele mooie foto's plaatst en niet de moeite neemt om de kijker tot actie te roepen.

U krijgt waarschijnlijk betere resultaten als u superieure foto's plaatst met een oproep tot actie. Onthoud dat de naam van het spel hier is om de sterke punten van je concurrent te achterhalen en erop voort te bouwen terwijl je tegelijkertijd profiteert van hun zwakke punten. Call-to-action voor profiellink moet betrekking hebben op inhoud. Alles wat je op Instagram doet, moet worden geïntegreerd met inhoud. Zoals ik eerder al zei, als je gewoon je shoutouts gaat krijgen en je gaat gewoon veel dingen op Instagram posten om mensen op je homepaginalink te laten klikken, laat je veel geld op tafel liggen . Dat ben je echt, waarom? U wilt dat verkeer kwalificeren, zodat dat verkeer uiteindelijk wordt omgezet in verkopen. Hoe doe je dat? Welnu, een van de meest basale manieren om dit te doen, is door uw profiellink te koppelen aan een interne pagina. Dat klopt. Jij don ' t link het naar uw startpagina. Mensen die op uw eigen pagina terechtkomen, weten misschien niet wat ze moeten doen, ze klikken eerder op de knop Vorige. In plaats daarvan kunt u geloofwaardigheid opbouwen als u een consumentengids of een soort lijstartikel aanbiedt dat mensen aanwijzingen geeft over de veelgestelde vragen over uw niche. U beantwoordt ook vragen die u ook beantwoordt aan behoeften. Dit vergroot de kans dat de persoon die u op die pagina klikt, blijft klikken op interne links omdat hij denkt dat u een autoriteit bent. Uiteindelijk laat u ze op een link klikken die hen naar uw e-maillijst brengt. Dit is hoe ik Instagram-verkeer het liefst converteer, niet gewoon dump ze in een artikel, dat ze vervolgens op een verkooppagina dumpt. Het zou geweldig zijn als ze in de stemming zijn om te kopen, maar de kans is groot dat ze dat niet zijn. De betere aanpak is om ze op uw mailinglijst te krijgen en uw mailinglijst door inhoud en andere informatie te sturen het zware werk te doen om uiteindelijk uw lijstleden om te zetten in betalende klanten. Dat is hoe het spel wordt gespeeld. Als u de bovenstaande tips niet opvolgt, is de kans groot dat uw inhoud gewoon plat blijft. Het gaat zich niet registreren bij de leden van uw doelgroep om eerst een content first sales funnel per content te adopteren, wat ik bedoel is dat uw verkoopstrategie content moet inschakelen. Met andere woorden, u gebruikt kwaliteitsinhoud om het verkeer dat u van Instagram krijgt te kwalificeren, zodat de kans groter is dat ze betalende klanten worden. Dit is cruciaal omdat veel marketeers op Instagram het gebruiken als verkeerspomp. Dat is alles wat het voor hen is. Het is gewoon een plek waar ze klikken kunnen ontvangen. En als die klikken geen kopers worden, geen probleem. Er is meer waar dat vandaan kwam.

Dat is hun houding. Welnu, het probleem met die strategie is dat je een enorme hoeveelheid verkeer verbrandt voordat je een verkoop kunt krijgen. Wat als ik je zou vertellen dat je minder verkeer kunt trekken, maar eigenlijk meer geld kunt verdienen met een lager verkeersvolume. Dit gebeurt de hele tijd. Dit is geen theorie. Dit is geen speculatie. Dit gebeurt de hele tijd. Hoe u content gebruikt om uw verkeer te kwalificeren, vergis u niet, Instagram en succesvolle socialemediamarketing, schakel contentmarketing in. Je kunt niet zomaar verkeer uit al deze plaatsen halen en verwachten dat dat verkeer converteert, dat verkeer moet je vertrouwen. Dat zijn echte mensen. Ze moeten het gevoel krijgen dat ze uw merk voldoende kennen en leuk vinden om erop te vertrouwen. Helaas, dat ' gaat niet meteen gebeuren. Het moet een reeks inhoud doorlopen. Vergis u niet, onbewerkt verkeer wordt niet omgezet met een voldoende hoog rendement op de investering. Het doet het gewoon niet. Want als dit het geval was, zou iedereen zijn tijd aan inhoud verspillen. Ze zouden niet de moeite nemen. Ze zouden gewoon rauw verkeer kopen. Maar dit is niet het geval, ervaren marketeers op Facebook en Instagram is een op inhoud gebaseerde verkooptrechterstrategie.

Met andere woorden, ze gebruiken contentmarketing. De waarheid is dat contentmarketing meer compatibel is met verkeer op sociale media, ongeacht of u advertenties koopt of gratis organisch verkeer genereert van Instagram en andere sociale mediaplatforms. Het klt-proces. Laat me je vragen, wanneer was de laatste keer dat je iets kocht van een complete en totale vreemdeling? Dat klopt. Deze persoon kwam zojuist op straat naar je toe en probeerde je spullen te verkopen. Ik ben bereid te raden dat dit eens in een blauwe maan gebeurt. Als je bent zoals de meeste mensen, is dit waarschijnlijk nooit gebeurd. Nou, je bent absoluut normaal, als dat je manier van denken is, waarom? De meeste mensen kopen van mensen waarvan ze denken dat ze ze kennen en vertrouwen. Dat is de hoofdzaak. Dat is de basis van elke vorm van verkoop. Het maakt me niet uit of het online of offline is gedaan. Het niet ' het maakt niet uit of we een klein bedrijf zijn of een groot bedrijf dat het doet. Het draait allemaal om vertrouwen. Wanneer je een op inhoud gebaseerde verkooptrechterstrategie voor Instagram gebruikt, bouw je vertrouwen op. Dit vereist meerdere pagina's. Ik wou dat ik je kon vertellen dat je maar twee pagina's nodig hebt om dit voor elkaar te krijgen. Ik wou dat ik je kon vertellen dat je mensen gewoon naar een algemene consumentengids moet leiden. En dan zouden ze betrouwbaar doorklikken naar de verkooppagina en spullen kopen. Dat is wensdenken. Begrijp me nu niet verkeerd, dit gebeurt van tijd tot tijd. Ik weet dat het mij nogal eens overkomt. Maar daar kan ik niet op rekenen. Waar ik op kan rekenen, is vertrouwen. Hoe wanneer mensen van Instagram hun weg naar mijn website vinden, ze op een consumentenpagina terechtkomen die aan hun behoeften voldoet. Ze zoeken naar antwoorden. Ze zoeken naar oplossingen. Ze krijgen dus al deze informatie en kunnen vervolgens doorklikken voor fijnere, efficiëntere of voordeligere oplossingen. Als je dit doet, bouw je geloofwaardigheid en autoriteit op. U beheert ook het gesprek. Je biedt ze dan een gratis geschenk aan om lid te worden van je mailinglijst. Zodra ze zich bij uw mailinglijst hebben aangemeld, begint de echte verkoop. Je hebt ze al in de palm van je hand. Vervolgens druppel je ze inhoud om hun geest open te stellen voor hun behoeften en ze enthousiast te maken voor premiumoplossingen. Hoe meer van deze premiumoplossingen u ze verkoopt, hoe meer geld u verdient. Het beste deel van het hebben van een mailinglijst is dat dit item in de loop van de tijd in waarde groeit. Wanneer u een update verzendt, kunt u deze mogelijk niet op dat moment converteren. Maar je krijgt nog een kans om ze te converteren als je nog een update verstuurt. Spoel dit teveel maanden of zelfs jaren vooruit, en u kunt zien waarom elke persoon op uw lijst later in dollars kan veranderen. Dit is allemaal niet mogelijk zonder het klt-proces. Je moet de bezoeker zo ver leiden dat ze erop vertrouwen dat je een strategie van meerdere pagina's hanteert. Zodra u verkeer van Instagram naar een pagina op uw site trekt, moet u links in die eerste inhoud hebben die hen naar een pagina leiden die hun vertrouwen verder zou vergroten. Bijvoorbeeld als mensen alleen op zoek zijn naar basisinformatie. De eerste pagina waarop ze zouden landen, liet hen weten welke opties er zijn. Als ze eenmaal enthousiast zijn over een bepaalde optie, kunnen ze op een andere link klikken die hen naar een pagina brengt die over een specifiek type optie praat, wat ze duidelijk al leuk vinden. Deze pagina geeft dan voldoende details om vertrouwen op te bouwen. Op dit punt kunt u ze vervolgens rekruteren op uw squeeze-pagina en uw mailinglijst de verkoop laten doen. Je kunt ze het antwoord ook geven in de vorm van een freebie in ruil voor het aanmelden voor je e-maillijst.

Hoe het ook zij, je leidt de bezoeker door de vertrouwensfase. Bij sommige mensen kan dit heel snel gaan. Anderen hebben een langere tijd nodig. Hoe het ook zij, als u een mailinglijst aan het einde van de verkooptrechter heeft, heeft u meer controle over uw berichten. U bepaalt ook het tempo van de berichtenuitwisseling. Dit hogere controleniveau vertaalt zich later in meer conversiecontrole door het retargeting-systeem van Facebook te gebruiken om Instagram-gebruikers dieper in je trechter te trekken. Dit is mijn geheime wapen als het op Instagram aankomt. Vergis u niet als u de bovenstaande stappen volgt en de strategie van meerdere pagina's gebruikt om uw mailinglijst op te bouwen, dan zult u enig succes behalen. Als u uw resultaten echter een boost wilt geven, moet u het retargeting-systeem van Facebook gebruiken. Hoe werkt retargeting van advertenties? Wanneer je advertenties retarget met Facebook, installeer je eerst Facebook Pixel op je website, daarna promoot je op Facebook en Instagram. En wanneer mensen zichzelf op uw site vinden nadat ze op een profilering hebben geklikt, houdt de pixel bij waar ze zijn beland. Nu het systeem weet welke Instagram- of Facebook-gebruikers op uw site terecht zijn gekomen, kunt u een retargeting-advertentie plaatsen, deze advertentie kan een diepere pagina promoten of uw mailinglijst rechtstreeks promoten. Hoe het ook zij, wanneer mensen die uw site hebben bezocht, teruggaan naar Facebook of Instagram, beginnen ze uw advertenties te zien. Dit is als het schieten van vissen in een ton. Je herinnert ze er in wezen aan om terug te komen. Wanneer ze klikken, kunnen ze naar een diepere pagina gaan, zodat u meer geloofwaardigheid kunt opbouwen of u kunt ze zelfs een product laten kopen. Dat klopt, ze gaan naar een verkooppagina. Hoe u het ook doet, retargeting werkt. Volgens sommige schattingen kan het zelfs het aantal conversies met 40% verhogen. Het komt erop neer dat u inhoud gebruikt om echt geïnteresseerde mensen te trekken. Ze zouden niet op de inhoud klikken als ze niet geïnteresseerd waren.

Maar je moet je retargeting zo instellen dat alleen mensen die voorbij de eerste pagina van je website gaan, opnieuw worden getarget. Je voert bijvoorbeeld een gratis Instagram-marketingcampagne uit, je plaatst reverse-engineered content op je account om voldoende volgers op te bouwen die je content leuk vinden, zodat ze op je profielpagina klikken en een link naar een heel nuttig artikel zien. Ze klikken door en komen op een artikel terecht en de facebookpixel let op hen. Je gaat echter niet opnieuw richten op mensen die nog te oppervlakkig zijn. Wanneer ze doorklikken omdat ze uw specifieke oplossing goed vonden en ze meer willen weten over die oplossing. Ze komen terecht op een oplossingenpagina. Dit kan een verkooppagina zijn. Dit kan in elk geval ook een andere consumentengids zijn. ze zijn dieper in het lef van uw website terechtgekomen. Deze andere mensen moet u opnieuw targeten, omdat dit de mensen zijn die echte interesse hebben getoond. Mensen die gewoon nieuwsgierigheid zoeken, zouden gewoon op een oppervlakkige pagina eindigen, daar beginnen en daar eindigen.

Mensen die echt op zoek zijn naar een oplossing, klikken pagina na pagina op uw website. Dat zijn de mensen die eerder geneigd zijn om te converteren, te betalen en te communiceren met leuke specifieke Instagram-influencers. Begrijp alsjeblieft dat persona de naam is van het spel op Instagram, mensen volgen persona's. Ze volgen niet alleen omdat iemand mooie foto's heeft. De meeste mensen kunnen dat. De meeste mensen kunnen af en toe leuke plaatjes posten. In plaats daarvan volgen ze persona's omdat ze een duidelijke draai hebben aan de niche waarin ze zich bevinden. Ze hebben een aparte persoonlijkheid, ze hebben een duidelijk standpunt, hoe dan ook, het heeft elementen van een soort sekte, net als sekte gebruik ik die uitdrukking niet op een negatieve manier. In plaats daarvan, mensen zoeken alleen gespecialiseerde kennis van mensen die gespecialiseerd zijn in dat soort informatie. Er is hier een beetje een cult-dynamiek gaande. Als je een dergelijke relatie hebt met je volgers, is de kans groter dat ze je het voordeel van de twijfel geven, ze zullen eerder klikken op de profiellinks van mensen naar wie je een schreeuw geeft. Dat is een echte invloed. En zo worden er veel producten verkocht op Instagram. Als u bijvoorbeeld iemand volgt op wie u kunt rekenen om de allerbeste foto's te publiceren op luxe horloges die hij of zij daadwerkelijk draagt, is de kans groot dat u rechtop gaat zitten en oplet wanneer deze persoon een foto plaatst van een heel mooie grote merk, kijk met de boodschap 40% korting erop, dat zou uw aandacht trekken, je klikt dan op de link van het account waar de persoon naar toe roept of je kunt zelfs de domeinnaam of URL typen die ze noemden en je kortingscode intypen. Dat is hoe invloed werkt. Het draait allemaal om deze persoonlijkheidscultus, pas op voor nep-influencers. Helaas, toen bekend werd dat online winkels goed geld betaalden aan Instagram-influencers voor productplaatsingen en shout-outs, begonnen veel duistere marketeers nepaccounts te bouwen. Hoe nep zijn deze accounts? Ten eerste richten ze zich op bepaalde niches. Vervolgens trekken ze volgers. Het probleem hier is dat het account zelf nep is en dat de volgers nep zijn. Dit is een serieus probleem, want als je de persoon achter deze accounts betaalt, echt geld om shoutouts te posten, zullen je shoutouts aan dovemansoren gericht zijn. Niemand' s gaat opletten. Waarom? De meeste van hun volgers zijn nep. Ze worden aangedreven door software. Ze bestaan niet. Ze hebben absoluut geen creditcards. Zie je hoeveel hoofdpijn dit kan zijn? Het is geen verrassing dat veel grote internationale merken nu afstand nemen van Instagram-influencers omdat ze het beu worden om voor de gek te worden gehouden. Echte invloed betekent echte betrokkenheid. Dus hoe zorg je ervoor dat je alleen met echt leuke specifieke Instagram-influencers communiceert? Nou, het is eigenlijk niet zo moeilijk. U hoeft alleen maar naar de openbare statistieken van deze accounts te kijken, u kunt zien hoeveel betrokkenheid hun inhoud krijgt. Je kunt ook zien hoeveel volgers ze hebben, je moet de totale hoeveelheid betrokkenheid die ze krijgen meten door dat aantal te delen door het aantal volgers dat ze hebben. Zoek naar een verhouding. Dit is hoe u weet of er voldoende betrokkenheid is bij dat account. Dit is een manier om te zien wie nep is en wie niet. Je kunt ook kijken naar de inhoud die ze plaatsen. Als ze steeds weer hetzelfde spul posten, kan dat een rode vlag zijn. Bekijk ook de opmerkingen. Wordt er werkelijk zorg besteed aan het delen van de vier belangrijkste tekenen van nepinvloed? Dus hoe weet je dat je te maken hebt met een echte influencer? Immers, echte invloed betekent daadwerkelijke conversies? Er zijn vier veelbetekenende tekenen van nep Instagram-invloed, bord nummer één, gelijke volg- en volgverhouding. Als u merkt dat een account veel andere accounts volgt terwijl u geniet van een groot aantal volgers, zou dit een rode vlag moeten zijn, de kans is groot dat ze gewoon veel accounts hebben gevolgd. Dus deze andere accounts zouden ze terug volgen. Die mensen kunnen echt zijn, maar ze zijn niet geïnteresseerd in wat dit account plaatst, omdat ze gewoon terugkomen uit beleefdheid. Dat is nep-invloed. teken nummer twee, lage engagement ratio. Als je merkt dat dit account veel inhoud plaatst, maar de betrokkenheidsratio laag is, is dit een rode vlag. Als uw account echte volgers heeft, moet er een zekere mate van betrokkenheid zijn. Het is niet alsof al je berichten slecht zullen zijn. Als je merkt dat dit account niet echt veel betrokkenheid krijgt, zou dat een rode vlag moeten zijn. bord nummer drie, ze vroegen duidelijk om geld. Als het duidelijk is uit de profielbeschrijving van het leuke specifieke account waarvan je shoutouts probeert te kopen dat ze betalingen accepteren, wil je misschien opletten. Kijk hoe ze zichzelf omschrijven. Als ze er een punt van maken dat ze ' zegt Shoutouts verkopen of ze willen dat je contact met hen opneemt. Dus u kunt een advertentie plaatsen, wees zeer achterdochtig. De allerbeste influencers op Instagram zijn hobbyisten. Dit zijn mensen die gewoon erg gepassioneerd zijn over een bepaald onderwerp. Ze geven niet echt om betaald te worden. Ze eten, slapen en leven het onderwerp. Misschien is het reizen, misschien is het damesmode, misschien zijn het luxe horloges, misschien zijn het sportwagens, wat het geval ook mag zijn. Het zijn hobbyisten, ze zijn gepassioneerd over dat onderwerp. Dus posten ze foto na foto van dat onderwerp. Dat zijn de mensen waarvoor je zou moeten schieten. Wees zeer wantrouwend ten opzichte van mensen die helemaal met de dollars te maken hebben, want de kans is groot dat ze hun account openen, zodat ze shout-out en andere advertentie-inkomsten van influencers kunnen krijgen. IK' Ik zeg niet dat dit hen volledig zou moeten diskwalificeren. Maar er is een grotere stimulans voor hen om dingen te vervalsen omdat er geld op het spel staat. teken nummer vier, geen nichespecialisatie. Als blijkt dat dit influencer-account de neiging heeft om tussen verschillende niches te groeien, zou dit een rode vlag voor je moeten zijn.

Wat deze persoon doet, is dat hij of zij de aandacht probeert te trekken van adverteerders uit verschillende productniches waarvan ze weten dat adverteerders zich normaal richten op deze persoon. Deze persoon heeft niet echt een focus. Zelfs als dit account echt is, kan ik je wedden dat het verkeer dat deze persoon krijgt waarschijnlijk bijna waardeloos is. Begin met een langzame en lage koop. Het eerste dat u moet doen, is een enorme lijst met influencers verzamelen en vervolgens contact met hen opnemen. Nu neem ik aan dat u nepaccounts hebt uitgefilterd, neem contact met hen op. De naam van het spel hier is volume. Probeer zoveel mogelijk verschillende influencers met hen in contact te brengen, vraag hen of ik kan kopen voor $ 5 of welke lage tarieven je ook kunt bedenken. De naam van het spel hier is om zoveel mogelijk shout-outs en fotoadvertenties te krijgen voor zo weinig mogelijk geld.

Je zou in staat moeten zijn om een top drie te bedenken. Als u bijvoorbeeld 100 influencers heeft die uw advertenties weergeven en shout-outs doen, zou u de top drie in termen van conversies moeten kunnen identificeren. je hebt je online winkel, dus je weet of je het hebt verkocht of niet, je weet of je het product verplaatst of niet. U moet ook een speciale kortingscode gebruiken, zodat u kunt volgen wie er daadwerkelijk verkoopt, de top drie kunt kiezen en meer kunt betalen voor blootstelling.

Dit is hoe u uw resultaten maximaliseert. Dus je begint laag en langzaam. En dan schaal je de campagnes op die ook daadwerkelijk het gewenste resultaat opleveren en optimaliseer je continu alle onderdelen van je trechter. Tot nu toe weet je al hoe je volgers op Instagram kunt opbouwen. Je weet ook al hoe je inhoud moet maken die niet alleen je volgers opbouwt, maar ook de aandacht kan vestigen op je profielpagina. Uw profielpagina is natuurlijk waar uw doellink is. Wanneer mensen op uw doellink klikken, gaan ze buiten Instagram en gaan ze naar een pagina die u opgeeft.Dit is de pagina waar de actie plaatsvindt. Deze pagina kan een consumentengids zijn, die uw verkeer kwalificeert, mensen kunnen vervolgens doorklikken naar een pagina die dieper in uw website is. Uiteindelijk kunnen ze op een link klikken om naar de squeeze-pagina voor uw mailinglijst te gaan. Dit is de pagina die mensen rekruteert om lid te worden van uw mailinglijst. Via deze interne pagina's kunt u ook een verkooppagina promoten. Er zijn zoveel manieren waarop u hiermee kunt omgaan. Maar ongeacht hoe u van plan bent gratis of betaald verkeer op Instagram om te zetten in betalende klanten, u moet alle onderdelen van deze trechter optimaliseren. De trechter begint met je content op Instagram. Het wordt smaller wanneer mensen doorklikken naar uw profielpagina. Van daaruit gaat het naar een pagina op uw website. Van daaruit kan het naar een interne pagina of naar een verkooppagina of een squeeze-pagina gaan. Hoe het ook zij, je hebt een zeer brede bovenkant nodig voor je trechter en elk kleiner deel van je trechter moet zo breed mogelijk zijn. Waarom komen er meer mensen binnen, hoe hoger het totale aantal mensen dat u kunt converteren als u uw trechter instelt, toch? Hier komt het slechte nieuws, het is één ding om te zeggen dat je alle delen van je verkooptrechter moet optimaliseren, het is een ander ding om ze daadwerkelijk te doen. Zie je, de grootste uitdaging hier is willekeurige optimalisatie. Als mensen het idee krijgen dat ze hun verkooptrechter moeten optimaliseren, bedenken ze in feite een compleet nieuwe trechter, komen ze met compleet nieuwe advertenties, gaan ze mixen en matchen. En soms slagen ze erin, maar meestal komen ze niet echt tot een verbetering. Waarom? Ze doen het op een willekeurige manier. Vergis je niet, willekeurige optimalisatie is meestal tijdverspilling. Het is echt. Zelfs als je in staat bent om bepaalde willekeurige wijzigingen aan te brengen en je trechter ineens sneller wordt omgezet, tast je nog steeds in het duister. Waarom? U weet niet welk deel van uw trechter verantwoordelijk is voor de verbetering.

En zelfs als u kunt zien welke onderdelen het verschil verklaren, weet u niet welk segment van dat onderdeel uw resultaten heeft verbeterd. Zie je hoe dit werkt? Zie je waarom dit zo verwarrend en frustrerend is door elementaire optimalisatie te gebruiken? Gelukkig is er een betere manier om te optimaliseren, u kunt elementaire optimalisatie gebruiken. In plaats van gewoon willekeurige gissingen te nemen over wat de resultaten van uw verkooptrechter zou stimuleren, splitst u elk onderdeel van het verkooptrechterproces op in elementen en brengt u de wijzigingen per element aan. Op deze manier ga je pas naar het volgende element als je de resultaten van het vorige element tot op zekere hoogte hebt verbeterd. Als je eenmaal tevreden bent met die verbeteringen, ga je verder met het volgende element. En dan het volgende element daarna, Begrijp alsjeblieft dat de verkooptrechter uit veel verschillende onderdelen bestaat. Elk van deze heeft verschillende elementen, maar ze kunnen allemaal worden onderverdeeld in enkele gemeenschappelijke elementen. De verkooptrechter omvat natuurlijk de foto's die u op Instagram gebruikt, uw profielpagina, uw consumentenartikel of bestemmingspagina-artikel en vervolgens uw interne pagina's. Elk van deze moet worden geoptimaliseerd en elk van deze heeft hiervoor afzonderlijke elementen, ik ga me alleen concentreren op de elementen die op Instagram te vinden zijn. U kunt hetzelfde element voor elementanalyse gebruiken om uw squeeze-pagina, uw consumentengidspagina en andere elementen op uw eigen website te optimaliseren. Maar wat deze training betreft, gaan we ons alleen concentreren op de elementen die op Instagram te vinden zijn. De belangrijkste elementen waarmee u rekening moet houden bij het optimaliseren hier, zijn de elementen waarop u zich moet concentreren in uw profiel-URL. Dit is de profielpagina die je op Instagram hebt, je kunt de afbeelding wijzigen, je kunt de beschrijving wijzigen, maar zorg ervoor dat je bij het aanbrengen van wijzigingen element voor element gaat. Dit betekent dat je foto's kunt uitwisselen totdat je een mooie verbetering krijgt. Als de verbetering duurzaam is, verander je de tekst. Kijk of het uw klikfrequentie verbetert. Zodra u dat kunt doen, kunt u de URL van de bestemmingspagina, foto's en video's wijzigen. Dit zou duidelijk moeten zijn uit deze andere foto's en video's die u plaatst. Besteed aandacht aan betrokkenheidsniveaus. Let op doorklikken. Als je merkt dat bepaalde foto's veel meer klikken krijgen, plaats dan meer van die foto's. blijf soortgelijke foto's posten totdat je een duurzaam hoog niveau van doorklik-hashtags kunt bereiken. blijf hashtags wisselen om te zien of er een duidelijke verbetering is in uw doorklik en uw conversies. Nadat je je concurrenten hebt omgekeerd, zou je een startpunt moeten hebben. Maar eindig daar niet. Blijf spelen met de hashtags, pas de hashtags aan en onderzoek gerelateerde hashtags om te zien of je betere resultaten kunt behalen. Omschrijving. Dit is de tekst die u bij uw foto's of video's plaatst. Plaats dezelfde foto maar speel met verschillende beschrijvingen. Kijk of deze verschillende calls-to-action leiden tot meer doorklikmogelijkheden en uiteindelijk tot grotere conversies. Tijd voor verzending. Als je software gebruikt om op Instagram te posten, houd er dan rekening mee wanneer je inhoud wordt gepost. Let op wanneer de meeste van uw verloving plaatsvindt. Probeer uw posttijd af te stemmen op de betrokkenheidsniveaus om de effectiviteit van uw inhoud te optimaliseren.

waar u op moet letten bij het optimaliseren moet u op het volgende letten: Deze duiden op succes. Zoek naar een hogere klikfrequentie, langere verblijftijd, diepere klikken op uw website en betere conversieratio's. Natuurlijk weten we allemaal dat aan het eind van de dag bekering het belangrijkste is. In feite is het het enige dat telt, hoe komt het dat conversies, dollars in uw zakken steken en niets anders. Om daar te komen, moet u de klikfrequenties echter verhogen. Je moet ook kijken of de pagina die je presenteert aan mensen die je van Instagram trekt, hun aandacht langer vasthoudt, je kunt die pagina blijven optimaliseren om de verblijftijd te maximaliseren. Ook, Besteed aandacht aan uw oorspronkelijke inhoud op uw eigen website om te zien of u deze kunt optimaliseren, zodat u diepere klikken kunt krijgen. Hoe meer interne pagina's, hoe meer de persoon bekijkt, hoe meer de persoon geïnteresseerd is in wat u te bieden heeft. Uiteindelijk, als je voor deze en element voor element zorgt, kun je de conversieratio's verhogen, best practices, de volgende best practices toepassen om ervoor te zorgen dat je het meeste waar voor je geld krijgt van Instagram. documenteer uw inspanningen, zorg ervoor dat u opschrijft wat u doet. Op deze manier kun je een schriftelijk verslag hebben, kun je ook meer experimenten uitvoeren, je zou verbaasd zijn hoeveel geweldige ideeën je bedenkt. Helaas, als je steeds maar weer op hetzelfde mislukte idee terugkomt, zit je in feite gewoon achter je staart aan. documenteer uw referentie zodat u experimenten kunt uitvoeren en dan snel kunt mislukken. Op deze manier kun je slechte ideeën zo snel mogelijk uit de wereld helpen, zodat je je kunt concentreren op de ideeën die daadwerkelijk succes opleveren.

Focus op cijfers. Ga niet met je onderbuikgevoel. Concentreer u op wat de feitelijke statistieken van uw resultaten zijn. Focus op cijfers, want cijfers liegen niet. Begin met influencers met een langzame en lage strategie. Ik weet dat ik dit eerder heb gezegd in de sectie over influencers. Dit is echter zo belangrijk dat het voor herhaling vatbaar is. Neem contact op met zoveel mogelijk influencers, maar betaal ze een laag tarief. Degenen die op uw aanbod ingaan en uw advertenties weergeven, zullen zichzelf vervolgens uitwissen. Hoe? Elke advertentie die u uitvoert, heeft een aangepaste code of kortingscode of inwisselcode, u kunt zien welke daadwerkelijk resultaten opleveren. U komt dan terug bij die mensen die hen meer betalen, zodat ze uw campagne kunnen opschalen. Ze zijn duidelijk echt, en ze zijn geloofwaardig genoeg bij hun volgers om de daadwerkelijke verkoop te stimuleren en te optimaliseren met behulp van een elementaire benadering. Maar je moet begrijpen dat je moet optimaliseren om van element naar element te gaan. Dit vergroot de kans dat je niet achter je staart aan gaat. Dit verkleint de kans dat u dezelfde fout keer op keer herhaalt door een elementaire benadering te gebruiken, zodat u de algehele effectiviteit van uw advertentiecampagnes kunt vergroten.

Gevolgtrekking

Instagram is een goudmijn in het verkeer. Het is echt. Er is echt geen andere manier om het te beschrijven. U moet echter de tips volgen die ik hier noemde en ze aanpassen aan uw specifieke omstandigheden. Als je dat zou doen, kun je je resultaten een boost geven met Instagram. Het beste gedeelte. U hoeft niet al te veel geld te betalen om veel resultaten te behalen.